AF349817

ALFRED DE MUSSET

LE
Poëte Déchu

FRAGMENT INÉDIT

IMPRIMÉ SPÉCIALEMENT
— 1896 —

ALFRED DE MUSSET

LE
Poëte Déchu

FRAGMENT INÉDIT

Portrait charge de l'auteur par lui-même

Tiré à Dix-Huit exemplaires

N° 6

IMPRIMÉ SPÉCIALEMENT
— 1896 —

LE POËTE DÉCHU

FRAGMENT

Bien que le motif qui vous pousse soit une chose assez misérable, puisque ce n'est qu'un peu de curiosité, vous saurez de moi ce que vous voudrez. Vous m'êtes à peu près inconnus ; votre pitié ou votre sympathie m'est absolument inutile ; ce que vous en direz m'importe encore moins, car je n'en saurai rien. Je vous raconterai cependant ma vie, et je vous montrerai le fond de mon âme aussi franchement et aussi volontiers que si vous étiez mes plus chers amis. N'en soyez ni surpris ni flattés : je porte un fardeau qui m'écrase ; en vous en parlant je le secoue, avant de m'en délivrer pour toujours.

Quel récit je vous ferais si j'étais encore un poëte ! Ici, au sein des déserts, en face de ces montagnes, que vous dirait un homme tel que Byron, s'il avait à peindre mes souffrances ! Quels sanglots vous entendriez ! Et ces glaciers les entendraient aussi ! La nature entière s'en remplirait, et, du haut de ces pics, un éternel écho en descendrait dans l'univers. Mais Byron vous dirait cela en plein air, au bord de quelque précipice. Moi, Messieurs, je vais fermer la fenêtre ; c'est dans une chambre d'auberge qu'il me convient de parler, et il est juste que je me serve d'un langage que je méprise, d'un grossier instrument sans cordes dont abuse le premier venu. C'est mon métier de parler en prose et de conter en style de feuilleton, entre un grabat et une poignée de fagots, une profonde, une inexprimable douleur. Il me plaît même qu'il en soit ainsi ;

j'aime à revêtir d'un haillon, le triste roman qui fut mon
histoire, à jeter dans le coin d'une masure le tronçon
d'épée brisé dans mon cœur.

Ne croyez pas que mes maux soient d'une espèce bien
relevée ; ce ne sont point ceux d'un héros ; on n'y trouverait
seulement pas le sujet d'un roman ou d'un mélodrame.
Vous écoutez le vent qui siffle sous cette porte et la pluie
qui bat sur ces vitres ; écoutez-moi de même et pas
davantage ; gardez-vous surtout de me prêter trop d'attention (1), car si vous alliez vous intéresser à moi, il pourrait
bien vous arriver de mal digérer votre dîner ou de ne pas
dormir à l'heure accoutumée.

J'ai été poëte, peintre et musicien, mes misères sont
celles d'un artiste et mes malheurs sont ceux d'un homme.

Je suis d'une honnête famille, qui n'était ni riche ni
pauvre. J'avais reçu de la nature un caractère facile, et, si
vivre est un bien, j'ai été le bienvenu en ce monde. Mes
inclinations ne furent pas contrariées ; mon père me laissa
le choix de ma carrière. Je m'exerçai d'abord, comme
je vous l'ai dit, à la peinture et à la musique. A dix-huit
ans, j'hésitais encore sur l'état que j'embrasserais, lorsque
le hasard me lia avec quelques jeunes gens qui s'occupaient
de littérature. Ils faisaient des vers, j'en fis comme eux, et
mes premiers essais réussirent. Cependant je ne songeais
pas à me livrer à la poésie, qui ne me semblait qu'un
passe-temps. Ma famille demeurait à la campagne ; je venais
à Paris presque tous les jours et je m'amusais à chercher
des rimes en marchant au bord de la rivière. Mais le reste
du temps, je m'occupais d'autre chose.

Il arriva un jour que devant une assez nombreuse
assemblée, on me fit réciter un morceau de ma façon. Les
louanges me furent prodiguées et la vanité me monta au
cerveau. J'étais paresseux et insouciant ; il me parut

---

(1) VARIANTE : ...... Me prêter trop d'attention, car je vais peut-
être faire de l'esprit et je ne serai vrai qu'autant qu'il ne me prendra
pas envie de faire une phrase. J'ai été poëte, peintre et musicien ;
mes misères sont celles d'un artiste ; elles sont venues en partie par
ma faute et elles ont amené mes malheurs qui sont ceux d'un
homme. Je suis d'une honnête famille.....

agréable d'être un génie en herbe, par boutades, à ma
fantaisie, et sans avoir l'air d'y penser. Je jouais d'un air
d'indifférence, avec ma petite gloire naissante ; je me fis
une Muse de mon caprice et les femmes trouvèrent que
j'avais raison. Je devins bientôt le héros d'un cercle dans
lequel je brillais à mon aise ; dans ce temps-là, vous y êtes
peut-être venu un jour, vous m'avez peut-être applaudi,
au lieu de me frapper sur l'épaule et de me demander à
quoi je pensais.

A quoi pensais-je, en effet? Je l'ignore, et il ne me serait
pas facile de dire à présent ce que je pouvais avoir dans
l'esprit. Rien en moi n'était développé, ni passion, ni
penchant, ni même de désirs. J'avais des sensations et
point d'émotion, je cherchais le plaisir et l'imprévu, j'étais
hardi et tout me réussissait. Ma vie était une espèce de
rêve insignifiant et assez doux et je brodais cette toile
d'araignée. Certes, s'il ne s'agissait que de vous faire des
contes comme il s'en dit après souper, je pourrais payer
mon écot. J'ai connu et même dédaigné des enivrements
qui suffiraient à griser bien des têtes. Cela se conçoit
aisément : ma poësie, ou pour mieux dire, ma versification,
s'adressait aux femmes ; n'aimant point et par conséquent
ne pouvant être aimé, je m'essayais à plaire. J'ai encore
quelque part, dans une vieille armoire, les manuscrits de
cette comédie qui dura deux ans.

C'était vers 1829. Vous savez ce qu'était alors et ce qu'est
devenue la poësie de ce temps-là. Je n'ai que faire de vous
raconter ce qu'on nommait alors une nouvelle école et les
vieilleries qu'on inventait. Quoique le cœur me manque
en y pensant, il faut cependant que je vous dise de quelles
puérilités pitoyables on entretenait les esprits et quel
chemin on ouvrait à la jeunesse. Une querelle littéraire
avait occupé et divisé la France entière. Les chefs-d'œuvre
des écrivains étrangers, introduits chez nous par une
femme, avaient été le sujet de cette dispute. La lutte avait
été longue, mais du moins noble et presqu'imposante. La
France défendait sa gloire contre le reste de l'Europe, et
cela en valait la peine ; mais enfin tout était conclu A demi-
éludée, à demi-résolue, la question était abandonnée et ce

bavard champ de bataille avait lassé les parlementaires.
Qu'arriva-t-il ? L'esprit de controverse, comme Messaline,
était épuisé, mais non rassasié ; à une querelle de pensée
succéda une querelle de paroles. On se mit à épiloguer sur
des livres, puis sur des pages, puis sur des périodes, puis
sur des épithètes, puis sur la virgule d'une césure. Les
sophismes d'un théologien discutant un cas de conscience,
ne sont pas plus inutilement raffinés que les commentaires
que l'on forgeait alors. Après une guerre sérieuse, c'était
le semblant d'une escarmouche, ceux même qui avaient
mis en question Sophocle et Shakespeare, après avoir
poussé l'une contre l'autre ces deux immortelles statues,
analysaient au microscope les blessures qu'elles s'étaient
faites en se touchant.

J'imaginai de mordre à cette fadaise. Tel que je vous ai
dit que j'étais, à dix-neuf ans, ne connaissant rien de ce
monde, ni les choses, ni les êtres, ni les passions, je
m'avisais de jouer avec les mots et de me faire des hochets
de ses symboles qui représentent tout, les passions, les
êtres et les choses. Je les retournais au hasard, comme un
étudiant désœuvré remue des dominos sur la table d'un
café ; je les jetais à croix ou pile pour les entendre résonner ;
le plus sonore ou le plus bizarre, le plus nouveau surtout,
était le meilleur ; peu m'importait le reste, et quand la
pensée arrivait, étonnée de se trouver là, il fallait bien
qu'elle eût l'air d'y être. Ce métier m'amusait ; j'y montrais
de l'audace. Il va sans dire qu'on m'encouragea.

Parmi ceux qui m'aidaient à cette débauche, se trouvait
un jeune homme qui avait fait ses études avec moi ; nous
avions eu tous deux au collège une rage de comédie ; nous
passions nos jours de congés à jouer les répertoires de tous
les théâtres ; dans la semaine, en allant en classe, nous
nous racontions l'un à l'autre les romans que nous avions
lus. Cette soif étanchée au hasard avait jeté, dans ma
mémoire et dans mon imagination, une confusion extrême ;
il m'en restait pourtant cela de bon, que j'avais appris à
tout aimer, à choisir partout et à tout essayer ; ce désordre
même avait quelque bon sens.

J'étudiais toujours la peinture. Ha ! sans doute, dans cet

art plastique, qui n'a affaire qu'aux lignes et aux couleurs, la vérité aurait dû m'apparaître ; mais que peut-on voir quand on n'a pas d'yeux ? Il n'était pas plus question alors de la nature dans les ateliers que dans les théâtres. Rubens et Raphaël avaient eu le même sort que Shakespeare et Sophocle ; il s'est élevé, en leur honneur, une discussion encore plus inutile que la querelle des classiques et des Romantiques. Car, que pouvaient gagner des Français à opposer la Flandre à l'Italie ? Mais c'était la mode de rire des maîtres parmi messieurs les écoliers ; chacun avait sa petite bannière, à l'ombre de laquelle il tranchait du grand homme et barbouillait les yeux fermés ; des modèles, il est vrai, posaient pour la forme, mais ce n'était pas eux qu'on regardait : les muscles, les veines, les bras, les visages n'étaient rien ; il n'y avait que les coteries. Ajoutez à cela que, pour mieux faire, j'avais découvert un atelier de femmes, dans lequel, je ne sais sous quel prétexte, on m'avait admis. En sorte que, fidèle en tout à mes habitudes, je trouvais encore moyen de trôner là parmi les cotillons.

Si j'eusse été plus savant en musique, cette belle passion m'eut fait grand bien ; mais elle ne m'était pas encore venue, et il ne se pouvait pas qu'elle me vînt sitôt. La musique n'est rien pour qui n'a rien senti ; à cette époque d'ailleurs, on ne l'outrageait pas. Dans le désordre universel, le génie de Rossini l'avait préservé, le temps des trompettes n'était pas encore venu.

Me voilà donc sur le pavé de Paris, donnant, comme on dit, de belles espérances, et bien convaincu que j'étais quelque chose ; d'une conduite du reste assez dissipée, affectant des idées de rouerie, qui rimaient avec ma Poésie, fier de passer quand on se retournait, n'étant jamais seul, même devant mon miroir, vanté par des écervelés de mon âge, me raillant de ceux qui me blâmaient, déraisonnant avec des grands hommes de ma taille, amoureux fou d'un vers baroque, d'une phrase gothique, d'un sonnet gaulois ; criant qu'on avait pêché une perle. . . . .

. . . .

. . . . J'étais si sûr de moi que je crus d'abord n'éprouver ni regret ni douleur. Je m'éloignai fièrement. Mais à peine eus-je regardé autour de moi que je vis un désert. Je fus saisi d'une souffrance inattendue; il me semblait que toutes mes pensées tombaient comme des feuilles sèches, tandis que je ne sais quel sentiment inconnu, horriblement triste et tendre, s'élevait dans mon âme. Dès que je vis que je ne pouvais lutter, je m'abandonnai à la douleur, en désespéré. Je rompis avec toutes mes habitudes; je m'enfermai dans ma chambre; j'y passai quatre mois à pleurer sans cesse, ne voyant personne, et n'ayant pour toute distraction qu'une partie d'échecs que je jouais machinalement tous les soirs.

La douleur se calma peu à peu, les larmes tarirent, les insomnies cessèrent. Je connus et j'aimai la mélancolie. Plus tranquille, je jetai les yeux sur tout ce que j'avais quitté. Au premier livre qui me tomba sous la main, je m'aperçus que tout avait changé. Rien du passé n'existait plus, ou du moins, rien ne se ressemblait. Un monde nouveau m'apparaissait, comme si je fusse né de la veille. Un vieux tableau, une tragédie que je savais par cœur, une romance cent fois rebattue, un entretien avec un ami, me surprenaient; je n'y retrouvais plus le sens accoutumé. Je compris alors ce que c'est que l'expérience et je vis que la douleur apprend la vérité.

Ce fut un beau moment dans ma vie et je m'y arrête avec plaisir; oui, ce fut un beau et rude moment. Je ne vous ai pas raconté les détails de ma passion; cette histoire-là, si je l'écrivais, en vaudrait pourtant bien une autre; mais à quoi bon? Ma maîtresse était brune, elle avait de grands yeux, je l'aimais, elle m'avait quitté, j'en avais souffert et pleuré pendant quatre mois. N'est-ce pas en dire assez?

Je m'étais aperçu tout de suite du changement qui se faisait en moi; mais il était bien loin d'être accompli; on ne devient pas homme en un jour. Je commençai par me jeter dans une exaltation ridicule; j'écrivis des lettres à la façon de Rousseau; je ne veux pas non plus vous disséquer cela. Mon esprit mobile et curieux tremble incessamment comme la boussole; mais qu'importe, si le pôle est trouvé? J'avais longtemps rêvé; je me mis à penser.

Je tâchai de me taire le plus possible ; je retournai dans le monde : il me fallait tout revoir et tout rapprendre.

On est difficile, quand on souffre et il n'est pas aisé de plaire au chagrin. Je commençai, comme le curé de Cervantes, par purger ma bibliothèque et mettre mes idoles au grenier. J'avais dans ma chambre une quantité de lithographies et de gravures dont les meilleures me semblèrent hideuses. Je ne montai pas si haut pour m'en délivrer, et je me contentai de les jeter au feu. Quand mes sacrifices furent faits, je comptai ce qui me restait. Ce ne fut pas long, mais le peu que j'avais conservé, m'inspira un certain respect. Ma bibliothèque vide me faisait peine ; j'en achetai une autre, large à peu près de trois pieds et qui n'avait que trois rayons. J'y rangeai lentement et avec réflexion un petit nombre de volumes. Quant à mes cadres, ils demeurèrent vides longtemps. Ce ne fut guère qu'au bout de six mois que je parvins à les remplir à mon goût ; j'y plaçai de vieilles gravures d'après Raphaël et Michel-Ange.

. . . .

. . . . N'en doutez pas, c'est une chose divine que cette étincelle fugitive enfermée sous le crâne chétif. Vous admirez un bon instrument, un piano d'Erard, un violon de Stradivarius. Grand Dieu ! Et qu'est-ce donc que l'âme humaine ? Jamais, depuis trente ans que j'existe, je n'ai usé aussi librement que je l'aurais voulu de mes facultés ; jamais je n'ai été tout-à-fait moi-même qu'en silence. Je n'ai encore entendu que les premiers accents de la mélodie qui est peut-être en moi. Cet instrument qui va bientôt tomber en poussière, je n'ai pu que l'accorder, mais avec délices.

Qui que vous soyez, vous me comprendrez si vous avez aimé quelque chose, votre patrie, une femme, un ami ; moins que cela, votre bien-être, une maison, une chambre, un lit. Supposons que vous revenez d'un voyage, que vous rentrez dans Paris, que vous êtes à la barrière, arrêté par l'octroi. Si vous êtes capable d'une émotion, ne sentez-vous pas quelque plaisir, quelque impatience, en pensant que

vous allez retrouver cette maison, cette chambre ? Le cœur
vous bat-il en tournant la rue, en approchant, en arrivant
enfin ? Eh bien, ce plaisir naturel, mais vulgaire, cette
impatience du lit et de la table, que vous sentez pour ce
qui vous est connu et familier, supposez maintenant que
vous l'éprouvez pour tout ce qui existe, noble ou grossier,
connu ou nouveau. Supposez que votre vie est un voyage
continuel, que chaque barrière est votre frontière, chaque
auberge votre maison ; que sur chaque seuil, vos enfants
vous attendent, que dans chaque lit est votre femme. Vous
croirez peut-être que j'exagère ! Non, c'est ainsi qu'est le
poëte. C'est ainsi que j'étais à vingt ans. Ce que j'aurais
fait, je n'en sais rien. Après m'être tu pendant quatre ans
(je dis encore trop peu, ce fut davantage) ; après avoir relu
tout ce que j'avais lu, rappris tout ce que je croyais savoir,
revu tout ce que j'avais vu ; après avoir fait les efforts les
plus vrais, les plus difficiles pour chasser le souvenir qui
m'aveuglait encore, l'habitude qui revenait toujours ; après
avoir, pour ainsi dire, cloué de mes propres mains dans la
bière, ma paresse et ma vanité ; après avoir consulté la
douleur jusqu'au point où elle ne peut plus répondre ;
après avoir bu et goûté mes larmes, et cela, non pas seul
ni publiquement (car je méprise le cynisme autant que la
peur), mais avec mes amis, qui croyaient en moi ;
lorsqu'enfin le passé fut tombé en poudre ; lorsque je crus
sentir que ma pensée, comme une fleur qui va s'épanouir,
avait été assez arrosée et avait puisé dans la terre assez de
sucs pour croître au soleil ; alors il me sembla que j'allais
parler et que j'avais quelque chose dans l'âme. Alors, mon
père mourut. Depuis longtemps ma mère était morte. Je
me trouvai seul avec une aïeule infirme, et deux sœurs,
pauvre, obligé de les faire vivre et de vivre avec elles de
mon travail, attendu que l'aisance où nous étions dépendait
d'une rente viagère dont la mort de mon père nous privait.
Je ne me laissai point abattre ; j'allai bravement chez un
libraire lui proposer de lui faire de la poésie ; il me répondit
que cette sorte de marchandise était en baisse pour le
moment, que le commerce n'allait pas, mais que si je voulais
lui faire un roman, il me donnerait vingt sous par
exemplaire.

Il ne s'agissait pas de se résoudre mais de se résigner, et je le fis. Plusieurs de mes amis, de ceux-là même qui m'avaient encouragé à quelqu'autre chose, me félicitèrent du choix du sujet et de la facilité de mon style. Mon sujet était Italien ou Espagnol, je ne sais plus lequel des deux ; le livre se vendit passablement et j'en recommençai immédiatement un autre. Celui-ci eut encore plus de succès que le premier ; on en expédia en province cinquante volumes de plus. Les héros de mon troisième ouvrage furent des Français, la mode avait changé. Les femmes commençaient à porter des manches plates et les coiffeurs à se dégoûter de l'Italie. Le quatrième fut Corse, le cinquième Russe. Dispensez-moi d'aller plus loin.

Homme, je ne veux pas vous en faire accroire. Je ne vous dirai pas que j'ai senti d'abord une grande honte. Si ce que j'écrivais ne valait rien, la pensée qui me soutenait était bonne : la Nécessité est une Muse à laquelle le Courage donne sa Poësie. D'autre part, la mort de mon père m'avait jeté pour la seconde fois dans un cruel chagrin, mais tout autre que le premier : c'était une douleur sans larmes, muette, et qui ne devint jamais douce. La mort frappe ailleurs que l'amour.

Tant que mon père avait vécu, nous avions occupé au premier étage un appartement assez commode ; nous demeurions maintenant au quatrième, et là, tout était deuil. Lorsque j'avais passé cinq ou six heures à grossoyer seul dans ma chambre, j'allais faire une visite à ma grand'mère, me chauffer à son feu, embrasser les enfants ; puis je revenais à ma tâche. Ce que j'écrivais m'importait peu, et je n'étais, en somme, ni plus gai ni plus triste qu'un honnête artisan qui fait son métier.

Peut-être me demanderez-vous pourquoi cet artisan ne s'essayait pas à mieux faire et à tirer parti de son métier. Je pourrais dès à présent vous en donner deux raisons : la première, c'est que le temps me pressait, qu'il fallait tant de pages par jour et avoir fini au moment fixé ; la seconde, je vous l'ai déjà dit, c'est que, soit par ignorance, soit par une aversion naturelle, soit par paresse d'écrire, je déteste

la prose. Mais je tâcherai tout à l'heure de m'expliquer
mieux.

Ce ne fut guère qu'au bout d'un an que je commençai à
souffrir de ce travail forcé. Une nuit, ou plutôt un matin,
car j'avais écrit jusqu'au jour, j'étais assis devant ma table ;
je venais de finir un volume ; non seulement il m'avait
fallu livrer à l'imprimeur mes pages encore humides, mais
forcer mes yeux fatigués à relire sur du papier gris le triste
résultat de mes veilles ; mes sœurs dormaient dans la
chambre voisine et tandis que je luttais contre le sommeil,
je les entendais respirer à travers la cloison. Je sentais
une telle lassitude, que le découragement me prenait ; je
vins cependant à bout de ma tâche, et, quand ce fut fini,
je laissai ma tête tomber dans ma main. Je ne sais pourquoi
chaque soupir des enfants me remplissait d'une profonde
tristesse. Au dernier chapitre de mon livre se trouvait
racontée la mort de deux amants, ébauchée à la hâte,
comme le reste, et ce chapitre était devant moi. En y jetant
les yeux machinalement, un étrange souvenir me frappa.
Je me levai, à demi assoupi, j'allai prendre Le Dante dans
ma bibliothèque et je me mis à relire le récit de Françoise
de Rimini. Vous savez que ce passage n'a guère que vingt-
cinq vers ; je les relus plusieurs fois de suite, jusqu'à ce
que le sentiment tout entier pénétrât dans mon âme ; alors
je pris le livre, et sans faire davantage attention à mes
sœurs, je récitai les vers à haute voix. Lorsque j'arrivai au
dernier, où le Poëte tombe comme un cadavre, je me laissai
aller à terre en pleurant.

Faisant d'abord un retour sur moi-même, je sentis que
ma misère, mon travail et mon ouvrage même m'avilissaient ;
vingt-cinq vers, me disais-je, rendent un homme immortel.
Pourquoi ? Parce que celui qui lit ces vers après cinq
siècles s'il a du cœur, tombe à terre et pleure, et qu'une
larme est ce qu'il y a de plus vrai, de plus impérissable au
monde. Mais ces vingt-cinq vers, où sont-ils ? Noyés dans
trois poëmes. Ce ne sont pas les seuls beaux, il est vrai, et
nul ne peut dire qu'ils soient les plus beaux, mais ils
suffisaient.

Eh bien, qui sait si ce qui les entoure, si ces trois poëmes

et tant de pensers, et tant de voyages, et la muse exilée, et
l'ingrate patrie, n'étaient pas nécessaires pour que les
vingt-cinq vers se trouvassent dans ce livre qui, au bout du
compte, n'est pas lu tout entier par deux cents personnes
par siècle? C'est donc l'habitude du chagrin et du travail,
c'est donc l'infortune, si non la misère, qui fait jaillir la
source. Et qu'une goutte en reste, c'est assez, n'est-ce pas?
Et si au lieu de cela, travail et chagrin, misère et habitude,
se réunissent pour dessécher la source, pour dégrader
l'homme, pour l'amoindrir et l'user, cette goutte qui fut
peut-être tombée, cette larme, que deviendra-t-elle? Elle
coulera sur le carreau, pendant que l'homme tient sa tête
entre ses mains et pleure de rage et de fatigue.

Je vous demande pardon, Messieurs, si je déclame à ma
façon, d'une manière un peu décousue. J'ai oublié, avant
de commencer, de faire le plan de mon autopsie.
Permettez-moi maintenant d'essayer de vous dire quelle
est la distance qui, selon moi, sépare le poëte du prosateur.

Pour qu'il n'y ait pas ici d'équivoque, j'appelle poëte
celui qui parle en rime (car il y a aussi des poëtes en prose,
à ce qu'on dit). Je vous soumets mon opinion.

(1) Le poëte n'écrit presque jamais la réflexion ; le
prosateur n'est juste et profond que par elle. Le poëte
cependant doit la sentir, et plus profondément encore que
le prosateur, par cette raison que, pour exprimer son idée,
quelqu'elle soit et n'importe comment, quand ce ne serait
que pour la rime, il faut qu'il travaille longtemps. Or,
pendant ce travail obligé, une multitude de commentaires,
de faces diverses, de corollaires, se présentent nécessairement,
à moins de supposer un idiot, qui rime un plagiat. Ces
corollaires sont plus ou moins bons, brillants, justes,
séduisants ; ils détournent, ramènent, expliquent,

---

(1) Tout ce passage, depuis : « Le poëte n'écrit presque jamais
la réflexion... » jusqu'à : « .....est encore celui d'un enfant, » est
publié dans les ŒUVRES POSTHUMES sous le titre de LE POËTE
ET LE PROSATEUR.

enchantent. Pour le prosateur, ce sont des veines, des minerais ; pour le poëte, les reflets d'un prisme. Il faut au poëte le jet de l'âme, l'idée mère ; il s'y attache, et cependant peut-il se résoudre à perdre le fruit de la réflexion ? S'il n'a que quatre lignes à écrire, il faut donc que le reste y entre. De là ce qu'on nomme la poésie, c'est-à-dire ce qui fait penser. Dans tout vers remarquable d'un vrai poëte, il y a deux ou trois fois plus que ce qui est dit ; c'est au lecteur à suppléer le reste, selon ses idées, sa force, ses goûts.

Parlons de la mélodie. Tout le monde la sent, depuis les loges de la Scala où les femmes se balancent sous les girandoles, jusqu'aux échalliers de la Beauce où les bœufs s'arrêtent quand un pâtre siffle. Là est, avant tout, la passion du poëte. La poésie est si essentiellement musicale, qu'il n'y a pas de si belle pensée devant laquelle le poëte ne recule, si la mélodie ne s'y trouve pas, et, à force de s'exercer ainsi, il en vient à n'avoir, non seulement que des paroles mais que des pensées mélodieuses. Pour celui qui écrit en prose, il y a bien, si l'on veut, une sorte de goût qui évite les dissonances, et une certaine recherche de la grâce qui groupe les mots le plus proprement possible ; mais si cette recherche et ce goût préoccupent seulement un peu trop l'écrivain, c'est une puérilité ridicule qui ôte le poids à la pensée. Il y avait au siècle dernier, un prosateur qui écrivait en vers de huit pieds ; je crois que c'était Marmontel. Rousseau raconte de lui-même qu'il a passé quelquefois une nuit à faire une période. Si cela les amusait, à la bonne heure, mais c'était bien inutile ; un mot suffit pour le prouver : la prose n'a pas de rythme déterminé, et sans le rythme la mélodie n'existe pas. Or, du moment qu'un moyen qu'on emploie n'est pas une condition nécessaire pour arriver au but qu'on veut atteindre, à quoi bon ? Que dirait-on d'un homme qui, ayant une affaire pressée, s'imposerait l'obligation de ne marcher dans les rues qu'en faisant un pas de bourrée, comme une danseuse ? C'est à peu près là ce que fait le prosateur qui cadence ses mots ; car lui aussi à une affaire pressée, c'est de dire ce qu'il pense et non autre chose. Le poëte, au contraire, a pour premières lois, pour conditions indispensables, le rythme et la mesure. Son talent n'existe pas indépendamment de ces lois, mais par elles ; le rythme est sur ses lèvres, la mesure dans sa gorge ; sans eux, il est muet.

Pénétrons plus avant ; il ne s'agit pas ici d'un cours de littérature. Mon but n'est pas de faire un parallèle et de prouver que le prosateur est un piéton et le poëte un cavalier. Je veux dire que ce sont deux natures entièrement différentes, presque opposées et antipathiques l'une à l'autre. Cela est si vrai, qu'il n'est pas rare de voir parmi les lecteurs, des gens de mérite, pleins d'intelligence et d'esprit, montrer un goût parfait pour les ouvrages en prose et ne rien comprendre à la poësie. D'autres au contraire, presque ignorants, étrangers aux lettres, se laissent prendre sans savoir pourquoi, au seul bruit d'une rime, jusqu'au point de ne plus pouvoir examiner ce que vaut une pensée, dès l'instant qu'elle fait un vers. Que dire à cela ? Il faut bien reconnaître qu'une différence de procédé ne suffit pas pour motiver d'une part, une si grande répugnance, de l'autre, une si forte prédilection.

Souvenons-nous du proverbe ancien : On naît poëte, on devient orateur. Le romancier, l'écrivain dramatique, le moraliste, l'historien, le philosophe, voient le rapport des choses ; le poëte en suit l'essence. Son génie, purement natif, cherche en tout les formes natives ; sa pensée est une source qui sort de terre. Ne lui demandez pas de se mêler de politique et de raisonner sur telle circonstance qui se passerait même à deux pas de lui ; il ignore ces jeux de la fantaisie et ces variations de l'espèce humaine. Il ne connaît qu'un homme, celui de tous les temps. Le poëte n'a jamais songé que la terre tourne autour du soleil ; il est indifférent aux affaires publiques, négligent des siennes : c'est assez pour lui des ouvrages de la nature. Le plus petit être, la moindre créature, par cela seul qu'ils existent, excitent sa curiosité. Le grand Goëthe quittait sa plume pour examiner un caillou et le regarder des heures entières. Il savait qu'en toute chose réside un peu du secret des Dieux. Ainsi fait le poëte, et les êtres inanimés eux-mêmes, lui semblent des pensées muettes. Tandis que

des rêveurs qui divaguent cherchent à satisfaire leur
exaltation par des déclamations ampoulées et un vain
cliquetis de mots, il contemple ardemment la forme de la
matière et s'exerce à entrer dans la sève du monde.
Regarder, sentir, exprimer, voilà sa vie ; tout lui parle :
il cause avec un brin d'herbe ; dans tous les contours qui
frappent ses yeux, même dans les plus difformes, il puise
et nourrit incessamment l'amour de la suprême beauté ;
dans tous les sentiments qu'il éprouve, dans toutes les
actions dont il est témoin, il cherche la vérité éternelle.
Tel il est né, tel il meurt, dans sa simplicité première.
Arrivé au terme de sa gloire, le dernier regard qu'il jette
sur ce monde est encore celui d'un enfant.

. . . .

1839

(*Le reste a été brûlé par ordre de l'auteur.*)